Die vlakte en andere gedigte
Jan F.E. Celliers

Die vlakte en andere gedigte
Copyright © JiaHu Books 2013
First Published in Great Britain in 2013 by Jiahu Books – part of Richardson-Prachai Solutions Ltd, 34 Egerton Gate, Milton Keynes, MK5 7HH
ISBN: 978-1-909669-61-1
Conditions of sale
All rights reserved. You must not circulate this book in any other binding or cover and you must impose the same condition on any acquirer.
A CIP catalogue record for this book is available from the British Library
Visit us at: jiahubooks.co.uk

DIE VLAKTE.	5
IN BALLINGSKAP.	8
WONDERE.	10
EENSAAMHEID.	11
ONS TWEE.	13
SAUVABELIN.	14
BLOEIMAAND.	15
TROUW.	16
TER GEDAGTENIS AAN -	
AFRIKANER-TROOS.	17
Gij en IK.	18
BRAND-VRIJ?	20
DE TEMPEL DER REINHEID.	21
KLEIN ONDEUG.	22
'N SNAAKSE VRIJERIJ.	24
DIE SPRUITJE.	27
DIE BOERE-VROUW.	28
DIE VELDWINDJE.	28
AAN 'N BLOMMETJE.	28
MORE-MAL.	30
DIE BERGSTROOM.	32
JAPIE GREYLING.	34
DIE DORP-SONDAG.	36
DIE LAASTE TREK. DIE	39
STEM VAN DIE VERTE.	40
DIE OSSEWA.	41
CHAMONIX.	41

DIE MAAN.	43
DIE VO'EL.	44
DIE SMID.	48
LIEFDES-KLAG.	49
OORLOG.	
I. OPROEPING.	50
II. DIE LAASTE A'ENT.	51
III. AFSKEIDS-MORE.	52
IV. VRIJHEIDSLIED.	53
V. DIE STRIJD.	54
VI. DIE BRAND.	56
VII. DIE KAMP-SUSTER.	58
VIII. OU OOM WILLEM. AAN SIJ VERSLETE OU BAATJE.	59
IX. VELDBRAND.	61
X. IN MEMORIAM.	63
XI. BERUSTING	64
XII. DIE KINDERTJES	64
XIII. TERUGKEER.	66
XIII. DIE VERLORE GRAF	67
XIV. O'ERWINNING.	69

DIE VLAKTE.

Ik slaap in die rus van die eeuwe gesus,
ongesien, ongehoor,
en dof en loom in mij sonne-droom,
ongewek, ongestoor.
Tot die ijl-blouwe bande der ver-verre rande
skuif mij breedte uit,
wijd-kringend aan d' puur alomwelwend asuur
dat mij swijgend omsluit.

Die aarde was jong toen mij bodem sig wrong
uit die diep van d' meer;
en die waa'tre o'erswewend kwam lewenskrag gewend
die gees van die Heer.
Uit die woelende nag van haar jeugdige krag
brag die aarde voort
Lewiatansgeslagte, geweldig van kragte,
- storm-ontruk aan haar skoot.
Diep in mij gesteente berg ik hul gebeente
d'geheim van hul lewe en lot;
maar gewek uit die sode herleef uit die dode,
naar d'eeuwig hernieuwingsgebod,
die stof van d' verlede in vorme van d' heden,
in eindeloos kome en gaan;
wat die dood mij vertrouwt, ik bewaar 't als goud,
en geen grein die 'k verlore laat gaan.
Als die son o'er mij vloer in die more kom loer
en die douw van mij lippe kus,
dan draai ik mij stom met 'n glimlag om
en lê maar weer stil in mij rus.
Hoog bowe die kim op sij troon geklim,
is hij heer van lewe en dood;

naar wil en luim geef hij, skraal of ruim,
verderf of lewensbrood.
Uit gloeiende sfeer brand hij wreed op mij neer
tot mij naaktheid kraak en skroei,
en mij koorsige asem in bewende wasem
al hijgend mij bors ontvloei.
In sij skaduwtje rond-om sij stam op die grond
staat 'n eensame dorenboom,
so's die Stilte op haar troon, met doorne gekroon,
wat roerloos die eeuwe verdroom.
Geen drop v'r die dors aan mij stofdroge bors,
mij kinders versmag en beswijk,
en die stowwe staan so's hul trek en gaan
om mij skrale dis te ontwijk.

So's 'n vlokkie skuim uit die sfeere se ruim
kom 'n wolkie aangesweef,
maar hij groei in die blouw tot 'n stapelbouw
van marmer wat krul en leef,
- kolossaai monument op sij swart fondament,
waar die bliksem in brul en beef.
En O, met mij is die windjes blij,
hul spring uit die stof o'erend,
en wals en draai in dwarrelswaai
o'er mij vloer, van end tot end;
die gras skud hul wakker om same te jakker
tot hij opspring uit sij kooi.
en so's mane en sterde van ja'ende perde
sij stengels golf en gooi.
Met dof-sware plof, so's ko'els in die stof,
kom die eerste druppels neer,
tot 't ruis alom so deur die gebrom
en gekraak van die donderweer.
Met klouwe vooruit om te grijp en buit
jaag 'n ha'elwolk langs verbij,
so's 'n perde-kommande wat dreun o'er die lande
vertrap en geesel hij,
- en sij lijke-kleed sien ik ver en breed

in die awendson gesprei.

Stil in die duister lê 'k so 'n luister
hoe die spruite gesels en lach;
maar bowe die pak van mij wolke-dak
het die maan al lang gewag;
nou breek en skeur hij 'n baan daardeur
om te deel in mij vreug benede,
hij sprei die waas van sij romig-blouw gaas,
- en ik lach so stil-tevrede.
Plek op plek, so's die wolke trek,
sweef die skaduwe onder mee,
so's eilande wijd o'er die waat're verspreid
op die boesem der grote see.
Met 'n afskeidskus gaat die maan ook ter rus
en ik wag op die dageraad,
so skoon en so mooi so's 'n fris jong nooi
wat lach in haar bruidsgewaad.

O'er die bulte se rug slaat die gloed in die lug
van brande wat ver-weg kwijn,
en doornbome fluister in die rooi skemerduister
van gevare wat kom of verdwijn.
Uit slote en plas, uit die geurende gras,
stijg 'n danklied op ten hemel,
en 't is of ik hoor hoe die krekies se koor
weergalm uit die sterregewemel;
waar werelde gaan op hul stille baan
tot die ende van ruimte en tijd;
so, groots en klaar, staat Gods tempel daar,
wijd - in sij majesteit.

IN BALLINGSKAP.
(Clarens - Juli, .)[1]

Die awendsonne kus die vlak van d' meer,
die golfie slaat
'n droewe maat,
die moe'e krijger buig d' hoofd terneer.

Op d' sneeuwveld kwijn die laaste sonnestraal,
in kloof en dal
sluip d'awend al,
en 's landsmans liggie roep ten awendmaal;

en om die lamp sit vrouw en kinders aan,
om ei'e haard
en dis geskaard,
- en in d'ou krijgsmans oge wel 'n traan.

'Verbij die da'e en stille awendstond
toen ook v'r mij
met welkom blij
mij huisie het gewag, op va'erlands grond.'

En in sij oge lê die verre lig
wat berge boor,
en see'e o'er
herin'rings weg naar Suider kuste rig.

Hij 's in die sa'el, sij roer is in sij hand,
sij jonge bloed
vol durf en gloed,
sij oge o'er die onbekende land.

Die veld lê wijd, hij volg die leeuw se spoor;
sij veilig lood
dra wisse dood.

---

1 In die nag van op Juli is Paul Kruger te Clarens, in Switserland owerlede. Die skrijwer was toen ook daar.

Die ool'fants ver trompetter 's in sij oor.

Die wagvuur brand, die jakhals huil van ver;
die roer slaap bij
die jagters sij,
- en bo sij hoofd die wije sterre-heir.

Die slagveld dreun, hij voer die ruiterskaar
met wijs beleid
in strawwe strijd;
Hij hoor die krijgsroep van die swart barbaar.

Hij 's in die Raad, hij lê met vaste hand,
met klem van taal
en wil als staal
die grondslag heg van d' Suider vaderland.

Verbij, verbij - Die sneeuwveld bo vervaal;
maar hoog omhoog
ontwaar sij oog
op blanke top 'n verre sonnestraal!

Die duister grouw op grijse berggevaart:
'Volbrag, volbrag!
Wees welkom nag.'
- Sij sieners-oge glimlag hemelwaart.

En in sij oge lê die verre lig
wat berge boor,
en see'e o'er
herin'rings weg naar Suider kuste rig.

Hij 's in die sa'el, sij roer is in sij hand,
sij jonge bloed
vol durf en gloed,
sij oge o'er die onbekende land.

Die veld lê wijd, hij volg die leeuw se spoor;

sij veilig lood
dra wisse dood.
Die ool'fants ver trompetter 's in sij oor.

Die wagvuur brand, die jakhals huil van ver;
die roer slaap bij
die jagters sij,
- en bo sij hoofd die wije sterre-heir.

Die slagveld dreun, hij voer die ruiterskaar
met wijs beleid
in strawwe strijd;
Hij hoor die krijgsroep van die swart barbaar.

Hij 's in die Raad, hij lê met vaste hand,
met klem van taal
en wil als staal
die grondslag heg van d' Suider vaderland.

Verbij, verbij - Die sneeuwveld bo vervaal;
maar hoog omhoog
ontwaar sij oog
op blanke top 'n verre sonnestraal!

Die duister grouw op grijse berggevaart:
'Volbrag, volbrag!
Wees welkom nag.'
- Sij sieners-oge glimlag hemelwaart.

WONDERE.

Met klein Koos Blaasop had ik laas'
'n woordestrijd:
O'er wondere het ons so gepraat,
en Kosie sê: 'die kuns, ou maat,
het ons liew'n Heer
glad afgeleer;
en alles gaat nou dood-gewoon

in onse tijd;

die praatjes kom maar almal neer
op j a en n e e ;
maar kom en wijs nou eers v'r mijn
die water wat daar word tot wijn;
dat dit gewis
'n wonder is
sal ik die eerste en beste wees
om toe te gee!'

'Nou vrind,' seg ik, 'lê mij dan uit
die wonderkrag
wat grond en water same breng
en in haar aarde vat dit meng
met sonneskijn
tot druif en wijn;
Is hierdie wonder minder groot,
als 'k vrage mag?

So is ons doof en blind v'r wat
die Heer ons toon;
so's kinders sien ons Sij Natuur,
en gou-gou bind ons, dom-sekuur,
aan jaar of dag
Sij wet en mag
en duisend wond're wat ons sien
word...... 'dood-gewoon.'

EENSAAMHEID.

Mij vuurtje en ik is op wag,
mij vuurtje en ik alleen;
die awendster
wenk al van ver
en die velde slaap om-heen.

En stadigies sterwe die dag,

so's éen in sij armoed verlaat,
ongesien, ongeag,
sonder suggie of lach,
waar niemand van weet of van praat.

Nou blij die lug alom
in stil aanbidding staan;
geen tampende bel
wat die ure tel,
- net die sterre wat kom en gaan.

Die osse, met koppe gebui'e,
herkouwe nog stil in die nag,
tot éen v'r éen buk
en gaat lê bij sij juk,
met 'n sug, na die trek van die dag.

Mij vuurtje is al wat nog leef
in die eindeloos ruim met mij,
en sij stemmetje dwaal
so's 'n deuntje wat draal
om dage lang verbij,

om jonkheids blije more
en laggies lang verlewe.
Dan voel ik 'n traan
in mij oge staan
en ik fluister 'Heer, vergewe!'

Die slapende velde lê wijd,
en wijer die donkere see,
wat mij vuurtje en mij
van awend skij
van die wereld se vreugd en wee;

ik weet daar is feest van a'end
in menig verligte saal,
maar geen een wat mij mis

bij die dans en die dis
- 'n balling vergeet en verdwaal.

Maar al is ik ver van die skaar,
in eensaamheids woning getrede,
ik voel mij so's éen
met die Heer alleen
- 'n kind aan Sij boesem tevrede.

ONS TWEE.

Dit was 'n dag in bloeimaand blij
toen ik jou sag en jij v'r mij;
en kijk, alsof v'r kwaad bedug
het onse oo'e mekaar ontvlug;
maar toen ik opkijk nog 'n keer
vang ik jou oog in mijne weer!
O' skone dag in bloeimaand blij
toen ik jou sag en jij v'r mij!

Dit was 'n klare somernag,
die sterre bó in stille prag,
en of alom in tower-taal
geheime deur die lower dwaal,
toen ik gewaar 'n kleine hand
meteens in mijne was beland!
Hoe het hul so mekaar gekrij,
had ik die skuld, of was 't jij?!

Dit was 'n huisie klein en skoon,
O, ver van grootheids weg en woon,
die dak was laag, die dis was skraal,
die duitjes min en suur behaal;
maar ons pondokkie was paleis
en onse korsie koningspijs,
want wie d'r ook gebrek mog lij,
ik had v'r jou en jij v'r mij!

Dit was 'n dag van skeiding wreed,
'Te pêrd, te wapen' was die kreet,
maar bij die stille weemoeds-traan
het in jou oog die woord gestaan:
'sal liefde krag en kroon behou,'
'paar manne-moed aan manne-trouw!'
En veld nog see'e kon ons skei
want ik had jou en jij had mij!

Dit was die bose in lig-gewaad,
dit was verleidings soete raad:
'die skat en skoonheid wat ik bied'
is onbewaak, geniet! geniet!'
Maar ons had skat van groter prijs
en het hem saam die deur gewijs,
tevree met wat ons had gekrij:
net ik v'r jou en jij v'r mij!

Dit was 'n woordje met 'n punt
- geplaagde luim se kleine munt -
so gouw gelos deur die wat weet:
ach, netnou is 't weer vergeet!
Geen wolkie wat ons hemel dek
of onse son het hem gewek,
O, onse son wat altijd blij,
want ik het jou en jij het mij!

SAUVABELIN.
(BIJ LAUSANNE).

In die bosse woon die Here
deur die blare ruis Sij stem.
O, was mijn die guns en eere
met uw Samuel sou ik fluister:
'Vader spreek, Uw dienstkneg luister,
openbaar Uw boodskap hem.'

Maar mij kleinte is verlore

in die donk're suile-skaar,
slegs 'n weerklank tref mij oore,
van 'n vo'ellied van verre,
van 'n krekelsang verbêre,
- en ik kan nie sê van waar.

Nogtans, Vader, voel ik veilig
in Uw tempel waar ik dwaal,
of in sonnestraal geheilig
ook 'n stil belofte daal
dat die stem van d' stil gewete
en die traan om plig vergete
Uw genades guns behaal.

Dwalend wag ik in vertrouwe,
en die boodskap mij ontseg
baar mij siele vrees noch rouwe
op mij wond're lewensweg.
Gaarn' ontvlug ik hier die skare
waar als onder dorre blare
mense-eer begrawe leg;

waar die tempel-welwe bowe
nog die wierook-walm onthou
en die altaar, tans gedowe,
van der vaad're vroomheids-trouw,
toen hul hier deemoedig nader
aan Uw troon getree het, Vader,
so-als ik, aanbiddend, nou.

BLOEIMAAND.

Daar's 'n roering van ontwake
in die aardes moeder-skoot,
wonderwerkend opgestege
in elk dro'e stam en loot.

Elke twijgie van die vije

dra 'n pluimpie in die son,
- vreugde-kersies aangestoke
nou herlewings feest begon.

En in duisend duisendtalle
kom daar bruidjes, fijn en mooi,
- uit die dorre hout gebore,
ha'elblank en rose-rooi.

Elke tuin het hul verower
- voorjaars-vreug moet o'eral weer -
elke hartje vol van liefde,
elke boom 'n bruilofs-fees.

Dwelmend dwaal in louwe geure
jonge lewes drang en gloed
om herskeppend weer te gewe
lewe uit lewes owervloed.

TROUW.
TER GEDAGTENIS AAN -

Ik hou van 'n man wat sij man kan staan;
ik hou van 'n arm wat 'n slag kan slaan,
'n oog wat nie wijk,
wat 'n bars kan kijk
en 'n wil wat so vas so's 'n klipsteen staan!

vas so's 'n berg van grouw graniet
op vaderlands-grond, sij hartsgebied,
aan haar getrouw
so's aan kind en vrouw,
en wat in haar eere ook sijne siet.

Ik hou van 'n man wat sij moeder eer
in die taal uit haar vrome mond geleer,
en die bastergeslag
in sij siel verag

wat, haar verstotend, hulself kleineer.

Die oog wil ik sien wat 'n traan nog ween
v'r 'n helde-geslag, in hul rus daarheen,
maar 'n blits van trouw
in die traan van rouw,
wat aan liefde weer gee wat haar bron is ontleen.

V'r mij d'Afrikaner van durf en daad
wat Mammons eer en loon versmaad,
sij hoofd en sij hand
v'r sij volk en sij land
en 'n trap van sij voet v'r laag verraad!

O, ik hou van 'n man wat sij man kan staan;
ik hou van 'n daad wat so's donder slaan,
'n oog wat nie wijk
wat 'n bars kan kijk,
en 'n wil wat so vas so's 'n klipsteen staan!

AFRIKANER-TROOS.
(HISTORIES.)

So eenkeer elke sestien jaar
kom daar 'n tijd, jul weet dit wel,
dat al die sterre, hot en haar,
so's vuurwerk deur die hemel snel.

So was ik eenkeer op die pad,
- d'is lange jare al verbij, -
ik kom die a'end op Seekoegat,
Daar gee hul toen 'n bed v'r mij.

En kijk, daar kom toen in die nag
so 'n sterre-re'en op ons neer;
geen mens had aan so wat gedag,
- en dat 't erg was kan ik sweer;

die hele huis raak in rumoer,
die honde blaf, die hoenders kraai;
maar, moeg van heeldag rij en roer,
slaap ik so deur die heel lawaai;

daar voel ik iemand stoot mij aan,
ik roep: 'wie's daar,' en draai mij kop,
die goeie tante sien ik staan,
en saggies sê sij: 'neef, staat op.'

Ik sien sij lijk so bleek en naar,
dus vra ik gou: 'wat skort d'r aan?'
Sij sê: 'die laaste dag is daar,
en netnou sal die wer'ld vergaan;

kom sit bij ons daar binne nou,
- Ach, neef, hoe kan j'aan slaap nog denk?
Die tijd is kort, kom laat ik jou
tog eers 'n koppie koffie skenk!'

Gij en IK.
(Hollands).

Gij zijt gij en ik ben ik,
versta dat wel;
in lijf en leden niet alleen,
in hoofd en hart, in groot en kleen,
bij ernst als spel.

Als uwe paden, vriend, zijn mijne
recht of krom;
en zegt ge mij op 's levens baan
naar U w e leest geschoeid te gaan,
ik vraag, waarom?

Is 't afgunst niet, of vrees, die U
dat woord ontrukt,
dan vraag ik, is 't niet zuchten, maat,

naar lotgenoot in leed of kwaad
dat U bedrukt?

Bedenk bij 't luid berispend woord,
op markt of straat,
wat ook de schaar ter oor wil gaan
is vaak bazuin voor eigenwaan
- of eigenbaat.

Van oog tot oog en hart tot hart,
waar niemand ziet,
zo is 't, dat, in stille daad,
de ware mense-liefde raad
en hulpe biedt.

Roert Christenliefde U de borst
of Christenplicht,
zo grijp mij aan met frisse moed
of toon mij d'afgrond aan mijn voet,
en geef mij licht.

Maar zo voor U als mij blijv' 't wachtwoord:
'weeg en wik;'
want niemand, wat hij wrocht of dacht.
had d' hele wijsheid ooit in pacht.
- niet gij, niet ik.

Zo wacht U, vriend, voor spot of blaam,
als 'k weeg en proef;
en denk geen kwaad, maar geef U stil
gewonnen, om der waarheid wil,
als ik eens troef.

Hebt gij 'n geloof dat steeds uw weg
naar 't hoogste richt
zo gunt gij wis die schat ook mij,
- in 't strevend voorwaarts vroom en blij
bij eigen licht.

Beticht te ras van bijgeloof
uw wijsheid mij,
zo duid 't niet als schimp of grap
als 'k vraag: is wel uw wetenschap
daarvan zo vrij?

'Heb lief uw naaste als U-zelf,'
is 't groot gebod;
zo kweke 't hart voor U als mij,
bij 't g i j en i k , 't Christ'lik w i j ;
ach! gave 't God!

BRAND-VRIJ?
(HISTORIES.)

Ik sê, v'r mij is dit ook mooi
als kinders leersaam is en soet.
Maar toen nou eendag onse skool
meteens vergaat in vlam en gloed,
was menig knapie regtig blij,
- geloof v'r mij.

'Maar ach, wat help dit,' roep daar een
'die meester is nie saam verbrand,
en net-nou staat daar, kant-en-klaar
een nieuwe skool weer in die land.'
En regtig rijs toen weer 'n gebouw,
- ach, al te gouw!

Van dorp en plaas kom mense aan,
daar's groot geloop en groot gerij,
jij siet net swart-manel en kijl,
- die nieuwe skool word ingewij.
Ge-eet word daar, gepreek, gepraat,
- tot 's middags laat.

Maar wat ik daarvan wou vertel

is hoe toen daar 'n groot meneer
v'r ons 'n aanspraak het gemaak, -
- hij was bo almal slim geleer -;
'k onthou sij spiets, al was ik nog
- 'n kleine bog.

Sij hand tik so sij voorkop aan
terwijl hij sê: 'kijk, leer van mij,
wat julle hierso het geberg
gaat bowe aardse stof en klei,
is te'en roof en vuur bestand,
- kan nooit verbrand.'

Nie lang daarna, daar hoor ons dat
die goeie man op sterwe leg,
die wijse mond v'r altijd toe,
die krag v'r staat en mensdom weg,
en uitgebrand die rijke brein
- met brandewijn!

DE TEMPEL DER REINHEID.
(HOLLANDS).

Ik droomde mij in wolken-landen;
het blindend blank der zonnewanden
al zwevend in 't rein azuur,
als lenig marmer reuze-krullend,
de dalen schaduw-purper vullend,
- en goud-gekopt de stapel-muur

En 'k zag 'n zaal vol schone vrouwen,
het blank en blauw, in lange vouwen
omhangend los de slanke le'en,
in nauwe lijne-sluiting kozend
om malse vormen rose-blozend,
- en blanke voet op marmersteen.

'k Hoor stemmen als kristallen klokjes,

in 't ruim gestrooid als wolken-vlokjes,
bij scherts en blij-zang ongetoomd;
waar vol-geteugd de boezems zwellen,
in 't levend blauw der ether-wellen
- door wijde ramen ingestroomd.

Bij 't voorhang, plots op-zij gegleden,
zie 'k mannen in de zaal getreden,
in 't licht gewaad van 't wolkenland;
en vlug in 't gaan zijn fijne voeten
al spoedend tot een blij ontmoeten,
- van ver gereikt de vrienden-hand.

En durvend-klaar in reine weten
zie 'k oog met oog zich lachend meten,
bij handen-druk van welle-kom.
En los als 't kleed van lange vouwen
valt gul de lach van 't vol vertrouwen
- herhaald van wand tot wand alom.

En 'k vond mij biddend neergezegen:
'Verlicht, O God, mijn aardse wegen,
en aan Uw hand, ach, voere mij,
dat ik, genaakt tot reinheids-tempel,
een hand gestrekt vind aan de drempel
en blije stem: 'Wees welkom, gij!'

KLEIN ONDEUG.

Klein ondeug, moeders sorg en skat,
haar lus, haar las, haar vreug;
hij vroetel hier, hij snuffel daar,
hij pluk die heel huis deurmekaar,
keer voor daar! - liewe deug!

Te laat, - daar gaat die koppie al,
en stukkend op die vloer;
knor jij hem, - jij krij knor terug,

of nijdig smijt hij 'm op sij rug,
en trappel fluks tamboer.

Hij's kort-kort bij die water-bak,
al jaag jij 'm twintig-maal;
jou Sondag-stewels krij hul bad,
dan is 't weer die arme kat
wat jij daar uit moet haal.

Al trippe-trap die mure langs
kan jij sij stappies hoor;
hij's weg en stil nou, so's 'n muis,
maar glo mij nou's dit glad nie pluis,
kom, hier is al sij spoor;

daar hê j' dit al, die muur-papier
in repe afgetrek,
geskeur in stukkies, klein en kort,
die ink-pot daarop uitgestort,
en hij, éen swarte vlek!

Daar val meteens die solder-leer,
ja, so's 'n donder-slag!
ons loop te hulp met grootste haast, -
daar sit die kleine vent daar-naas
- en skater so's hij lach!

D'is brabbel-praat, d'is woel en val,
van 's mor'ens vroeg tot laat,
d'is koppie stamp, en huil en lach
so twintig male elke dag,
tot basie kooi toe gaat.

Die laaste soentje is van haar
wat sorg noch las ooit heug;
met mond en pootjes skoon gewas
slaap nou klein ondeug, - moeders las,
haar skat, haar sorg haar vreug.

'N SNAAKSE VRIJERIJ.
(DAUDET VRIJ GEVOLG.)

Als tweetjes met mekaar wil vrij
is 't beter om jou ver te hou;
nie waar, wat raak dit jou of mij
als tweetjes met mekaar wil vrij?
Net van éen snaakse vrijerij
wil ik die storie jul ontvouw.
- Als tweetjes met mekaar wil vrij
is 't beter om jou ver te hou!

Een flukse nooi was Hannie Waal,
en Japie Brink het daar gedraai, -
die oogies blouw, die lokkies vaal,
- 'n flukse nooi was Hannie Waal.
Maar of nou Japie dit sou haal,
dit was maar moeilik om te raai.
- 'n Flukse nooi was Hannie Waal,
en Japie Brink het daar gedraai.

Eén Sondag bij die kerk se deur,
- moe' nou nie denk dit was 'n plan nie; -
het so'n kleine iets gebeur,
éen Sondag bij die kerk se deur;
die kerk was vol, hul druk en beur,
en so kom ik net achter Hannie,
- éen Sondag bij die kerk se deur,
moe' nou nie denk dit was 'n plan nie!

Haar boekie het uit haar hand geglij,
toen sij so uitstap op die treedje;
ik m o e s dit optel, 'k was daarbij,
- haar boekie het uit haar hand geglij;
'Baing dankie, neef,' sê sij v'r mij,
en 'k sien sij kleur so'n kleine beetje.
- Haar boekie het uit haar hand geglij
toen sij so uitstap op die treedje.

En onder bij die muur se draai
- dalk het ik mij dit maar verbeel -
kijk sij nog om 'n slaggie, raai,
daar onder bij die muur se draai.
Beskou jij dit als trouw verraai?
die kijkie het i k toch nie gesteel!
Ja, onder bij die muur se draai
- dalk het ik mij dit maar verbeel!

Wel, ik het kennis toen gemaak, -
- die hoe of waar kom nie op an nie, -
toen loop ik daar v'r Japie raak,
nadat ik kennis het gemaak.
Hul sit toen saam amandels kraak,
die eerste awend, hij en Hannie,
nadat ik kennis had gemaak,
- die hoe of waar kom nie op an nie.

Jaap krij 'n tweeling in die dop
en een daarvan gee hij aan haar,
die ander eet hij selwe op,
- Jaap krij 'n tweeling in die dop. -
Was dit nou glips of wou sij fop?
want uit haar handje val dit daar.
- Jaap krij 'n tweeling in die dop
en éen daarvan gee hij aan haar.

Sij's op haar knie'e voor die stoel,
dat ik moes help, nie meer als plig nie!
die amandel-pitje was ons doel,
- sij's op haar knie'e voor die stoel, -
dat ik haar handjes raak moes voel
kan jul begrijp: daar was g'n lig nie.
- Sij's op haar knie'e voor die stoel,
dat ik moes help, nie meer als plig nie.

En Japie dach: wat sou gebeur het,

nou sij die pitje had gekrij,
ons merk dat sij so'n rooie kleur het,
en Japie dach, wat sou gebeur het?
'D'is duis'ling wat ik altijd-deur het
als ik gebuk het,' sê toen sij!
Ja, Japie dach, wat sou gebeur het,
toen sij die pitje had gekrij.

Die helfte bijt sij af v'r haar
en helfte lê sij op haar handje:
'Dê, neef, jij het help soek nie waar'
- die helfte bijt sij af v'r haar,
en op mij halfie sien ik daar
die kerfie van 'n witte tandje!
- Die helfte bijt sij af v'r haar
en helfte lê sij op haar handje.

Dat dit gesmaak het moet ik sê,
al was mij deeltje maar 'n kwartje,
een k l e i n e loon moes ik toch hê,
- dat dit gesmaak het moet ik sê;
al sien ik Jaap so stil o'erlê:
'daar gaat 'n stukkie van haar hartje'.
- Dit het gesmaak, ik moet dit sê,
al was mij deeltje maar 'n kwartje.

Of dit bij 'n kwartje het geblij?
dit raak jul niks nie, wel beskouw,
of ander mens se vrijerij
nou bij 'n kwartje het geblij;
want als daar tweetjes is wat vrij
is 't beter om jou ver te hou!
- Of dit bij 'n kwartje het geblij?
dit raak jul niks nie, wel beskouw!

DIE SPRUITJE.

Van tije wat was
praat die stroompie met mij,
van 's lewe se da'e, vergeet en vergaan;
en die bome wat stil langs die watertje staan
laat mij denk, als hul skaduw so rus op die gras,
aan tije wat was.
Van siele wat rus
sing die stroompie se stem
van laggies wat jong was, geknak of geslijt,
en planne o'ergroei deur die gras van die tijd,
- die stemme verstom en die rusie gesus
van siele wat rus.

Van trane gedroog
hoor ik stilletjes praat,
van snikke verstorwe als ver op die veld.
verijdelde list en ontwapend geweld;
die sorge verbij, en die moeder haar oog
van trane gedroog.
Van tije wat kom
hoor ik fluist'rend vertel,
gedagtes wat breek en gedagtes wat bouw,
en die vo'eltjes blij stil om te hoor wat daar brouw,
en die windje gaat lê, als met huiwering stom
v'r tije wat kom!

'Daar's Ene wat waak
en die magte bestier,'
so is dit of ik uit die geeste se koor
die weerklank van ver in die watertje hoor,
of die hand van 'n vrind op mij skouwer mij raak:
'daar's Ene wat waak!'

DIE BOERE-VROUW.

Haar wese is ernst, sij gaat haar weg in swij'e,
gehoorsaam op die weg van lange lije;
Suid-Afrika, Uw moeder in haar wee
- wat aan die wer'ld 'n nasie gee.

DIE VELDWINDJE.

O, hoor die gesang
van die eeuwe op hul gang,
o'er die rande se hang
kom 't geswewe,
o'er die veld ver en vaal
op die windje wat dwaal,
onbestem, onbepaal,
- suggies deurwewe.
Sonder stuur, sonder toom,
middag-louw, middag-loom......
So's die skim van 'n droom
- sterwe noch lewe.........

AAN 'N BLOMMETJE.

Klein blompie in die more-son
'k het nooit gedenk
toen jij mij wenk
uit groene gras
dat van die dag mij hart aan jou
verlore was.

Jou kleine hart was ope wijd,
en uitgespreid
so's ronde waaier daaromheen
die blaartjes fijn
in sonneskijn.
En om jou koppie was 'n glans,
'n stralekrans

van lewend lig,
- 'n weerskijn van jou kleine siel,
so vol, so vol
dat d'owervloed
in rijke gloed
die blije dag werd weergegee.

Jou steeltje had jij hoog gebeur
bo blare en gras,
of jij verruk wou opwaarts klim
tot d'hoge troon
waar lewe en lig se koning woon,
maar was blij staan
in opwaarts gaan,
- in stom aanbiddings boei geslaan.
O, kon 't ons gegewe wees
'n o'enblik
die vreug te voel
wat jou deurwoel
en wat uit saal'gheids blij teveel
ons mededeel,
in jubeling van geur en prag,
'n loflied op die somerdag!
Van daardie dag voel ik mij sterk
in lewenswerk
en lewensstrijd:
als bange sorge in die nag
mij rus ontroof,
als leegheids waan of domheidsmag
mij moed wil doof
dan sie 'k jou staan.
Vol lewensmoed en stille deug,
vol lewenslus en lewensvreug
lach jij mij aan
- hoewel, so's daardie somerdag,

al lang vergaan.
En waar mij lewensweg ook lei,

geen berge of dale kan ons skei,
geen see'e wijd.
Van eeuw'gheid werk jou kleine gees,
en sal so's mijne onsterf'lik wees
tot eeuwigheid!

Die bijtje gaf jij ook haar deel:
'n droppie vog
'n greintje meel
- onsigbaar klein,
maar in die eeuwe tel 't mee
met wereld-deel en wereldsee,
- kan nooit verdwijn.
So dra jij in 'n droppie douw,
in spie'elend blouw,
die groot Heelal!
En in Sij dienst, mij kleine vrind,
mog ons mekaar se wege vind
in aardse dal.

MORE-MAL.

O, hoor, kom hoor hoe 'n jonkvrouw flus
v'r mij uit mij sluimer het wakker gekus!
O'er mij vensterbank het sij binne geklim,
en haar hare was los in die more se glim.

Van blouwe kristal was die kelk in haar hand
en sij skink 't so vol dat 't bruis o'er die rand,
die drank daarin so's die goud wat leef,
wat die more-son deur die wolkies weef.

Uit rose-fijn vingertjes neem ik 't aan,
en net in één teug is 't na binne geslaan;
en ik hoor so 'n laggie als tintel-kristal,
so's 'n watertje klink wat deur klippertjes val.

En kijk, in 'n wip is sij o'er mij gebuk

met haar douw-frisse lippe op mijne gedruk!
Ik lê nog verbluf, sonder woord of geluid,
toen sweef sij meteens bij die venster weer uit!

Ik is op en na buite met spoed met spoed!
en die more se drank woel so's vuur in mij bloed.
Gee pad vandag v'r Kerdoes en v'r mij:
net jaag-gelop, jaag-gelop wil ons rij;
laat praat wie wil
en laat keer wie kan
'Kerdoes ou maat, wat sê j' daarvan'?

En ik gee hem 'n raps met die plat van die hand
waar hij staat en van ongeduld klouw in die sand;
en hij gooi met sij kop om te sê: 'ja, ja!'
van ergernis vol dat die baas nog vra.

Ik is op in die sa'el met 'n spring en 'n swaai,
en ons gaan aan die haal dat die klonte so waai.
'Die basie, die basie,' sê outata Bop,
en hij keer v'r die polle wat waai om sij kop.

Die more se bode, die nooi van mij droom,
is mij voor naar die Wes', o'er die vlakte se soom,
o'er die leegte se vaal, o'er die krom van die bult,
waar haar kleed met sij sleepsel die gras het verguld.

'Kerdoessie bedaar, d'is te vinnig ou maat,
hul roep al vervas dat ons wereld uit gaat.
Maar wag, daar rij Gert, wat op Nooitgedag vrij;
kom ons wijs hem vandag, kom ons druk hem verbij!

Ai Gertje, haal uit nou ou Kolbooi se staal,'
- en ik gee die ou perd o'er sij boude 'n haal -
'al praat jij so baing wat ou Kolbooi kan doen
ik gee Sannie van more voor jou nog 'n soen.'

Op die raps gee ou Kolbooi 'n bokspring naar voor

dat Gertje so amper sij sitplek verloor.
'Maaifoelie,' skree Gert, en sij hoed druk hij vas,
en 'doef' gaan sij hakke op Kolbooi se bas.

Deur stowwe wat dwarrel en kluite wat spat
hoor j' net hoe dit klipper-de-klap o'er die pad;
die wind suis verbij en mij hoed is verloor,
maar Kolbooi blij agter en Doessie blij voor!

'Dag Gertje, ou maat, julle asem is koud,'
en ik sien hem verdwijn in die stowwe se goud,
'Kerdoes ik wil sien wie v'r ons twee kan vang,'
- en hij snuif nog vol moed, en hij skud met sij stang.

Bij die plaas kijk tant' Betta en oom o'er die deur,
en van verre al lok mij die koffie se geur.
Dat ik Sannie wou soen was maar korswil van mij,
want geen noitje so trouw aan haar vrijer als sij.

Maar ik word als gedrijf tot 'n streek of 'n grap,
en daar gee ik ou tanta 'n soen dat dit klap!
Oom Kotie en Sannie bars uit van die lach,
en tant' Bet wil mij vang en skree: 'vagebond, wag!'

Ik is op weer, en weg, en 'n lach is mij groet,
so's 'n wilde basuinstoot omstuimig van moed,
want die lug van die more stroom vol in mij bors
- naar vrijheid en blijheid onlesbaar mij dors!

DIE BERGSTROOM.

Strome, wat is jul boodskap aan mij
als jul wild en vrij,
in huppeldans
o'er bank en krans
So spring en klots
van rots op rots
so glim en glans en glij,

so plooi en plas
als glippend glas,
die gras bespat
met per'lend nat,
so blinkend, blank en blij,
- strome, wat is jul boodskap aan mij?

So's 'n wal
van kristal
buig jij o'er om te val
in die kokende diepte onder,
waar jij breek en bruis
en verstuif tot gruis,
dat 't dawer en dreun en donder!

O, dan mag
ik grag
in die wilde jag
van die stuiwende stowwe staan,
bespring en bespat
deur die sissende nat
wat mij wange so's geesels slaan.
Onlesbaar die dors
van mij hijgende bors,
en ik swelg, met lippe wijd,
die wind wat jij bring
so's jij woel en spring,
in die diep van die klowe geleid.

O, dan voel ik mij lede vol lewend staal
om in woelende worst'ling te win en behaal,
en dwing'lands mag,
met houw en slag,
naar werke sij loon te betaal.
En die vrijheidslug waai mij deur en deur
om mij spiere te hard en mij kragte te beur,
die reg te wreek
tot onreg breek

en strewend te straf en strij!
......Strome, is dit jul boodskap aan mij?

JAPIE GREYLING.
(HISTORIES.)

Swart is die nag en geen windje roer,
o'er huis en veld kruip die dood op loer.
Moeder Greyling bid en sij waak en wag,
want vier wat haar sorge het groot gebrag
swerf o'er die rande en veld vannag,
mikpunt daar van d' moordend lood
- net nog Japie aan haar skoot.

Die dagster verbleek op sij wag-pos omhoog,
waar die dageraad klim so's 'n ligtende boog;
maar angstige blikke deurboor nog die skoot
van slepende skaduws in laning en sloot.
En kijk! so's met klouw en met vleugel geswind
van die nag-uil, wat val op sij prooi so's 'n wind,
kom 'n bank uit die grouw van die skemering op,
- dit is stormende ruiters in jagend gelop!

Hulle kom, hulle kom o'er die slapende werf,
en soekende oge dreig dood en verderf.
Halt! - en hul swaai uit die sa'els op die grond,
Voorwaarts! - hul singel die huis in die rond
Maar weerlose vrouwe slegs loon die geweld
van moordgrage blikke en wapens geveld,
- die vo'els gevloge, nog vrij op die veld!

O, arm is die harte aan ridderlik eer
wat bloedverraad kweek en wat trouwbreuk begeer;
so is stille veragting die welverdiend loon
van die hoofdman, wat nader met strengheids-vertoon,
en durf om 'n moeder en elfjarig kind
te vra naar die skuilplaats van broeder en vrind.

Maar, O skrik! so's 'n Gesler, wreedaardig en fel
die hart eens beproef het van Switserlands Tell,
so waag 't die hoofdman - beskawing, leen oor -
om die bors van 'n moeder met angs te deurboor:
'Hier seuntje, jou hand, en gaat same met mij!'
- so's 'n lam naar die slagting laat Japie sig lij;
deur die raam mag die moeder hem slegs nog aanskouw,
en daar, voor haar oog, stel die Khaki hem nou.

'Kom, seuntje, die roer in mij hand is gereed' -
- en sij grimmige oge staan dreigend en wreed -
'wijs, wijs met jou hand waar die Boere-mag trek,
of ik skiet jou daar dood waar jij staat, op die plek!'

Hij kijk naar sij moeder, verbleek in haar skrik,
maar 'moed, Japie, moed,' lees hij slegs in haar blik,
hij kijk o'er die rande, hij kijk o'er die veld,
en dit klop is sij borsie met jagend geweld.

'Ik skiet!' brul die wreedaard, en mik al sij skoot,
en...... 'skiet' seg Japie, 'skiet dan maar dood!'
Versteend in haar skrik staat die moeder te wag
op die springende blits, op die moordende slag!

Godlof en wonder! kijk, swijgend en tam,
of die hand wat dit hou in sij krag is verlam,
daal die moordtuig omlaag, en die woest'ling verswind
voor die kalm-durvend oog van 'n weerlose kind!

So's Altorfs dal held Willem Tell
in beeldend brons voor oge stel.
met Walter trouw aan vaders sij,
so stel ons fier en vroom en blij
ook in ons harte hoog 'n troon
v'r moeder Greyling en haar soon;
en in die rolle van die faam
vra ons 'n plekkie v'r hul naam

Skande-naam van 'beed'laar-geus'
werd der vaad're eere-leus,
en tot vijands skrik en rouw
werd oranje-blanje-blouw
o'er die waa'tre fier ontvouw.

Kinders van Suid-Afrika,
trots mag ons ons naam reeds dra,
in ons wapenskild dit voer
tot 't eens die wereld roer,
eere-naam van 'Takhaar-Boer!'

Want wie ook hul helde roem
onse vind ons, ongenoem,
reeds aan moeders haard en skoot;
ongesien word hul daar groot,
v'r ons daag'raads more-rood.

Edelstene berg ons grond
wat geen rower ooit nog vond;
waak met moed, beleid en trouw
dat ons onse skat behou
bo bereik van rowerskHou.

DIE DORP-SONDAG.

Sondaars kom, sondaars kom!
roep die klokke, om en om;
hoor 't op die mure beier,
rukke-golwend, wijer...... wijer,
- of so langs die lege straat
o'er en weer die gewels praat.

Als uit Hemels-vredebron
daal die liewe more-son
so op veld en bome neer,
als 'n glimlag van die Heer;
stralebundels, skoof op skoof,

strooi hij deur die koele loof,
om op stille stoep en muur
sonneskijfies te borduur.
Voor geslote luik en deur
speel die vo'eltjes ongesteur,
en waar skaduws lang-gestrek
o'er die straat hul bane trek.
Hoor die klokke roep nog om:
sondaars kom, kom sondaars kom!

En die weerklank sprei en draai
met die verre hanekraai,
tot die blouwe heuwel-rij,
wijd o'er akker, tuin en wei',
waar die diere dromend staan
van hul knellend tuig ontdaan,
waar die vliegies gons en dans
in die gouwe sonneglans.

En langs tuin en bome-laan
kui'r die vrome skare aan,
stadig in hul Sondags-gang,
vrij van arbeids sorg en dwang,
spiere in arbeids skool gehard
rustig nou in kledend swart.

In die voorhof van die Vader,
waar Sij kudde stil vergader,
is 't of Sij vrede daal
met elk vallend sonnestraal.
En naar buite, teme-lang,
sweef die vrome kerk-gesang,
o'er die grafte, rij aan rij,
om die bede-huis versprei.
Deur die sipres-bome, luister,
is 't of daar stemme fluister
van die verre stille kust
waar verloste siele rus,

- stemmend als uit hoger sfeer
in die lofsang aan die Heer.

Blindend rus die volle vloed
van die laaie middag-gloed
op die strate leeg en lang
waar in skrijnend koorgesang,
uit die hangend wilge-loof
krekies ook hul Skepper loof,
- of die warmte weerklank vind
in hul deuntje wat 't bind.

In omsluitend groen gehuld
staan die gewels, sonverguld,
deur die awendgroet omstraal
van die dagvorst, so's hij daal,
in spelonke van robijn,
in sij bed van karmosijn.
Maar daar's trane in die groet,
in die laggie bitter-soet,
- so's 'n moeder op die dag
als die Heer haar wenk en wag,
in haar ruste haar wil lei,
maar, haar kindje agter-blij.

Maar op sorge nog bedag
v'r sij kroos in donk're nag,
stuur die dag-vorst nog 'n straal
uit sij vorst'lik voorportaal,
so's 'n gouwe baan gestrek,
om die wag omhoog te wek.
Kijk, die a'endster is al daar
eerst van almal kant en klaar,
en hij roep die woord alom
tot die wagte kom en kom,
in miljoene ongetel,
op hul konings hoog bevel.

Op die trouwe wag verlate,
donkerwallend langs die strate,
staan die huisies, slaap-bevang
deur die verre kikker-sang,
nag-omslote trouw bijeen,
......liggies blussend, - een v'r een......

DIE LAASTE TREK.

Mij pad het gelei deur die velde
en ver o'er die wije see;
mij deel is mij toegemete
van werelds wel en wee.

Maar eer ik mij reisstaf kan bêre,
mij hoofd in sij ruste leg,
moet ik eenkeer die pad nog betrede
- mij laatste pelgrims-weg.

Die plekkie se aarde is heilig,
ik gaan om te bid en te ween;
maar geen een ken die pad naar mij tempel,
- d'is mijne, en mijne alleen.

Al lei daar die weg van die wereld
en wemelend strate-verkeer,
geen wandelaar stil daar sij skrede
- verbij gaat 't, henen en weer.

Maar geen slijtende tred van die tije,
noch jare se winde en re'en
kan die teed're heugnis verwere
wat kleef aan die drempel se steen:

Dit was in die lewe se lente
en daar voor die drempel stond twee,
'n handje in mijne gebêre
- vertrouwend in mijne gegee.

En oog las uit oog wederkerig
die tale wat harte vereen;
- Ach, twee sloot die graf in sij kerker,
en twee bleef daar o'er om te ween.

Die nag-skaduws daal al van verre,
geen mens wat die straat nog betree,
alleen met die wakende sterre
herdenk ik mij liefde en wee.

Ik gaan om mij reisstaf te bêre
mij hoofd in sij ruste te leg;
een engele-hand wenk van verre
sij lig mij reeds voor op mij weg!

DIE STEM VAN DIE VERTE.

So's temend geprewel van stille gebede
kom stemme van ver, waar die awend-rood kwijn,
waar die rande in sterwende glanse verdwijn
en 'n nagalm nog sleep van d' skeidend verlede,
- so's klagte vergete, maar klagend tevrede.

En berustend ook voel ik mij siel als gedra'e
naar d'Eeuwigheid heen, op die loom-lange sla'e
van 'n vo'el o'er die veld op sij huiswaartse vlug,
- gedra op die windje se swijmende sug.

Vergange se da'e kom verbij voor mij oo'e,
gesigte verdwene en stemme gesus,
so's weerklankies nog van vergetelheids kust.
- En die weerlig vlam ver in 'n wolk wat daar rus,
so's snikkies nog mokkend, na trane gedro'e.

Uit die dorpie benee'e ruis op tussenbei'e
geluide en laggies van wereldsbeweeg;
en so sal 't nog wees als mij plekkie reeds leeg,

mij skamele kleinte van d'aarde geskei'e
versink in die kolke van d' groot-eeuwig swij'e.

En mij groet stuur 'k dan mee als die a'endstraal se vure
so blink in die ruite en droom op die mure;
mij huisie se gewel sal 't opvang van verre,
- 'n laggie sal 't wees, maar 'n traan sal 't bêre!

DIE OSSEWA.

Die osse stap aan deur die stowwe,
geduldig, gedienstig, gedwee;
die jukke, al drukkend hul skowwe,
hul dra dit getroos en tevree.

En stille, al stuiwend en stampend,
kom stadig die wa agterna,
die dowwe rooi stowwe, al dampend,
tersij op die windje gedra.

Die middag-son brand op die koppe,
gebuk in hul beurende krag,
hul swaai heen en weer in die stroppe
- en ver is die tog van die dag.

Dit kraak deur die brekende brokke;
die opdra'ens is ver en is swaar,
dit knars in die knakkende knokke,
maar hul beur en die vrag breng hul daar.

So, stom tot die stond van hul sterwe,
blijf ieder 'n held van die daad.
- Hul bene, na swoege en swerwe,
lê ver op die velde verlaat......

CHAMONIX.

Onder 'n denne-boom

in die land van berg en stroom,
waar 'n watertje val
in 'n sonnig dal
lê die helft van mij hart begrawe.
Vo'eltjes sing daarbij,
die blommetjes praat van mij,
en die klokkies klink om
so's die koeie kom,
deur die heldere stroom gelawe.

In hemelglanse bloot,
in vorst'lik swijge groot,
troon Alp-reuse om
bo die dal se kom
en kijk deur die denne bowe.
Wolkies krui verbij
so's skapies in hemelse wei,
wat weifel en draal
of hul nie sal daal
in die groen van die lokkende klowe.

Louwe geure dwaal
deur mij lower-saal;
en van ver kom 'n deun
so's 'n weerklank wat dreun
uit die velde se somerdag-drome.
Bowe langs twijg en tak
loer die lug deur mij tempeldak,
deurvonkel, deurweef
met die goud wat leet
in die weem'lende groen van die bome.

Najaarswindjes, strooi
blaartjes o'er mij kooi,
dek mij toe
ik is mat en moe,
vergeet wil ik rus en verborge.
Winter, begrawe mij

onder jou blanke sprei,
waar blommetjes praat
van die dageraad
wat kom met die voorjaars-more.

DIE MAAN.

In die blekend awendblouw,
glimmend deur die wolkies flouw,
glij die maan al deur die sluier
langs haar paadje waar sij kuier,
van haar perelkleed omvouw,
in die blekend awendblouw.

Maar die peilloos diep verdonker
waar die sterre-heir uit flonker.
en sij swewe wijd en breed
o'er die blouw fluweele kleed,
- sprakeloos van trots en prag,
meesteresse van die nag.

Eensaam is haar weg gelege
op misteries wonderwege;
in die donker, waar sij dwaal.
deur die verre wonderstraal
van die dagvorst voorgelig,
- volgend waar sij wenke rig.

En 'n weerglim sprei daar wijd
van haar kleed en majesteit,
- droom-gedra'e towerstraal,
wonder-wasend waar dit dwaal,
o'er die rande in slaap gesus,
o'er die boomgaard waar ik rus.

Ver geheime dra dit aan
wat die blaartjes net verstaan,
uit die dieptes van die sfere,

uit die woning van die Here:
stille hoor ik fluister-fluister
in die loof se skemerduister.

Maar al blij ik luist'rend staan
waar die windje kom en gaan,
onverstaanbaar v'r mij ore
gaat die lispeltaal verlore;
maar, wil ik mij huiswaarts keer,
nieuw-belowend lok dit weer.

Slaap kom blus mij, 'k gee mij ower
in mij huisie, maan-omtower,
so's ik op mij laaste dag
eens die dood, Uw suster, wag
- vragensmoeg maar vol vertrouwe
in misteries arm gevouwe.

DIE VO'EL.

Ik is 'n kind
van son en wind,
die wije lug mij woon;
storm-omwaai
het mij wieg geswaai
in 'n wilgeboom se kroon.

Maar bij re'en en nag
was mij bedje sag
en warm bij felste vorst,
- met liefde gesprei
deur mij moeder v'r mij,
met veertjes gepluk uit haar bors.

In die diep van die nag
was daar oge op wag
so's twee kole vuur benede,
maar bo die gevaar

van hul moordlus bewaar
was ons bo in ons huisie tevrede.

Als die dag-lemier bloos
in die ligtende oost
dan voel ik mij borsie klop
vol dank en ontsag
v'r die vorst van die dag,
en ik spring uit mij bedje op;

en hoog in die lug
pijl ik op in mij vlug
om sij eerste groet te vang,
als die nag-sluier omlaag
nog die velde o'ervaag,
- met douw-diamante behang.

O, meteens skiet 'n glans
uit die gloeiende trans!
en ik juig mij blijdskap uit,
in die goud gevat
van mij glorie-bad,
- gevul van mij feestgeluid.

Tot die deinende blouw
wil ik opwaarts nou,
tot die koepel-welf wijd en puur
waar die sterre, verloor
deur die dageraads gloor,
verdwijn is in grondloos asuur.

'n Roserooi blos
kruip o'er velde en bos,
en groots lach die vlakte benede,
tot purper verglooi
waar die dal-laagtes plooi
- van blinkende strome deursnede.

Tot die verste verskiet
strek mij wije gebied:
geen grens of boei v'r mij.
bo' die klein gewoel
wat in stof krioel,
bo druk en dwinglandij.

In heersugs trots
sien ik nasies bots
en worst'lend hul lot besleg,
- die lijke, so's graan
deur die ha'elslag geslaan,
naas mekaar op die vlakte geleg!

Maar bowe gevaar
van die wilde misbaar,
op rustende vleugel gehang.
sweef ik kalm en in vree
in die skadewé mee
van 'n wolk op haar stadige gang.

Elke jaar word ik bang
als die skadewe's lang
en langer gerek word benee
dat die magtige swing
van die aarde op haar kring
haar buite die bane laat tree;

en ik volg mij vorst
in mij lewensdors
naar die Noord waar die aard hem verlaat,
deur koue en gloed
en o'er velde en vloed,
- sij trouwe trawant, waar hij gaat.

En ik is dit weer,
als hij wederkeer,
wat die blije boodskap breng,

en, terug in mij woon
in die ou wilge-kroon,
'n liedje van wellekom sing.

Vol luister en prag
op mij huweliksdag
kwam die son als ons bruilofsgast
deur 'n wolke-poort skouw
uit die lewende blouw,
- van die voorjaar se buie gewas;

die lower se koel
van sij sprankels deurwoel,
vol vlonkers van pinkend kristal,
gestrooi van omhoog
uit die kleurige boog
- gespan o'er die geurende dal.

Als die onweer kom
en die donder brom
dan rij ik die wilde orkaan,
op vlugtige vlerk
voor die fronsende swerk,
- van bliksems geklief op sij baan.

In die Here se huis
is ik o'eral t'huis,
gedrenk en gevoed elke uur,
in die golwe verskoon
op die berge getroon,
- die aarde mij voorraadskuur.

Ik is die fee
van vrijheid en vree,
misterie mij kome en gaan,
onbedwing, onbespied,
niemand weet, niemand siet
waarhene of waarvandaan.

DIE SMID.
(NAAR LONGFELLOW).

Onder 'n groot kastanjeboom
daar woon ons dorp se smid;
hij is 'n kerel van trap-vas
in elke spier en lid;
en in sij arme hard en bruin
sit staal, - tot in die pit.

Sij aangesig is bruin so's leer,
sij hare swart en dig;
die sweet tap van sij voorkop af,
- hij weet dat werk is plig.
Niks skuld hij iemand en hij kijk
die wereld in d' gesig.

Jij kan sij blaasbalk altijd hoor
van 's mor'ens vroeg tot laat,
daarbij die sware maatgeluid
so's hij sij hamer slaat,
- net so's die dorp se kerkklok als
die son te ruste gaat.

Die kinders wat van skool af kom
blij bij die deur staan loer,
hul hoor te graag die blaasbalk raas
en wil die vuur sien roer,
hul vang die vonkies wat daar spat
so's kaf van 'n koring-vloer.

Jij krij hem Sondags in die kerk,
sij seuns sit aan s'n sij;
hij hoor die preek met aandag aan,
en, in die voorste rij,
ken hij sij dogter aan haar stem,
- sij hart klop vroom en blij.

D'is net of hij haar ma hoor sing,
ver in die Hemel-land;
hij denk aan haar en aan haar graf,
diep in die kerkhofsand,
- en uit sij oge veeg hij stil
'n traan weg met sij hand.

Bij vreugd en smart doet hij sij werk
en volg sij lewensweg:
al wat hij aanvat 's mor'ens vroeg
is 's awends klaar en reg,
- en dan kan hij als eere-man
sij hoofd te ruste leg.

Ja vrind, ons dank jou v'r die les
wat jij ons almal leer:
so, aan die lewens-haard en vuur
moet ons ons almal weer,
- gedagtes op die aanbeeld smeed
en dade, meer en meer.

LIEFDES-KLAG.
(NAAR DIE DUITS VAN R. HAMERLING).

Ik mag jou nie lief-hê en kan jou nie haat nie,
ik mag jou nie hou en ik kan jou nie laat nie,
O, leer mij die bittere strijd te volstrij.
En ach, wat daarbinne mij hart so deurkna'e
ik wil dit nie mis nie al kan ik 't nie dra'e,
die pijn wat genot is en mart'lend verlei.
Ik kan jou nie haat en mag liefde nie gewe,
so staat 't vermeld in die boek van ons lewe,
O, smart, wat verdelend mij hart so deursnij!
Ik mag jou nie hou nie en kan ook nie skije
so wil 't die sterre se wet van die tije,
O, sê mij hoe sal ik die strijd ooit volstrij.
En eensaam herhaal ik deur nagte en da'e
vergeefs nog en eeuwig die swaarste van vra'e,

en voed ik, genietend, die pijn wat ik lij.
Ik mag jou nie lief hê en 'k kan jou nie haat nie,
ik mag jou nie hou en ik kan jou nie laat nie,
O, leer mij die bittere strijd te volstrij!

OORLOG.

OORLOG.
I. OPROEPING.

(Es ist bestimmt in Gottes Rath).
Dit is bestem in die Here se raad
Dat die wat mekaar altijd lief het gehad
moet skeie;
maar ach, is die uur van skeie daar,
dan is 't swaar.

'Albertus jij vra mij: "sal ik gaan?"
Albertus, ik sien jou maters staan
met roers in die hand
v'r volk en land,
- en jij vra mij, Albert, of jij moet gaan!'

'Ik denk, Margareta, ik denk aan die dag
als jij mij vergeefs aan die voordeur sal wag,
jou oo'e vol trane, jou hart so vol rouw,
- alleen met ons kindertjes, Greta, mij vrouw!'

'Albertus, so groot is geen rouw of geen straf
als dat jij eens rus in 'n lafaard se graf,
'n graf wat jou kinders nog eendag vermij
als die vrijheid herleef, maar deur ander verkrij;
of als hul moet buk
onder dwing'land se juk
en moet weet dat hul vader nie mee het gestrij.'

'Verlore is die strijd, ach, ik weet 't vooruit,
ons word maar die magtige vijand se buit;
Margreta, en moet ons verdrukking eens weer,
dan is ik nog daar om te help en te keer.'

'Vergeet 't nooit, Albert, geen strijd is verniet,
selfs daar waar die wereld slegs nederlaag siet.
Deur kleinmoedigheid juis
breng ons nederlaag t'huis,
deur die krag
te verag
wat die Here ons bied.
Nee nimmer of nooit was mij Albert so laag
om te rus en vermije waar ander moet draag;
nooit sal ik hem soek
in die lafaard se hoek
als sij land in haar nood om haar MANNE kom vraag.'

Sij hand is in hare en spreek sij besluit,
te vol sij gemoed om 'n woordje te uit.
Sij oo'e durf hij nou weer op hare te slaan,
en hare, als sijne, berg menige traan.

II. DIE LAASTE A'ENT.

Nog nie na bed!
wat 'n pret, wat 'n pret!
met jurkies aan
en voetjes bloot
so met Pappie te rol
en stoei en stoot!

Ja, laat mag hul speel het Mammie gesê
voor Pa hul van a'end in hul bedje sal lê.
- Maar, verlege soek Breggie bij Mammetje skuil,
vra soetjes aan haar waarom Paatje toch huil?
nog nooit bij hul speult'jes het hij dit gedoen,
en so dikwils tot selfs die klein voetjes gesoen.

Wijd o'er huis en velde
rus al lang die nag
als so bij die bedjes
twee nog bid en wag,
wakend tot die more
- wrede skeidings-dag.
'Vader in Uw hoede
leg ons hulle neer,
gee ons eendag, Vader
aan elkander weer;
wil, Vader, o'er ons huisie waak
dat leed noch honger dit genaak.'

Droom-verlore dotjes,
rustend naas mekaar,
hoor gebed noch klage,
weet van geen gevaar,
met éen troos tevrede:
moeder is nog daar,
om die oogies moeg en vaak
met haar soentjes toe te maak.

En na 'n diepe suggie
gaan die borsies teer
so in stille sluimer
stadig op en neer;
handjes sag en roserooi
bo die hoofies opgegooi,
- reine handjes, sonde-leeg,
handjes waar geen las op weeg.

III. AFSKEIDS-MORE.

'Kijk voor d' laaste, vrouwtje,
nog met mij 'n slag
hoe die son so vriend'lik
o'er ons tuintje lach,

so's die eerste more
na ons huw'liksdag;
of die skone dag, Magreet,
van geen leed of skeie weet;
of mij plantjes wag en wenk
dat mij hand hul laaf'nis skenk.
Arrem is die siel, Magreet
wat om steentjes graaf en sweet,
en in elke droppel douw
nie 'n edelsteen aanskouw;
in paleise mag hul woon,
ons geluk vertrap en hoon,
maar geen skatte koop hul vrij
uit die armoed wat hul lij.'

'Sit mij Albert op geen troon,
bo sij voorhoofd straal 'n kroon
wat 'n vorst hem mag benij,
- tot die dood moet dit daar blij;
mag mij hoofd ten grawe buk
eer ik jou die kroon ontruk,
Albert, eer mij swakheid jou
van jou manne-plig kan hou.'

Wijd o'er huis en velde
rus weer lang die nag
als so bij die bedjes
éen nog bid en wag,
- bid om troos en kragte
na die skeidings-dag.

IV. VRIJHEIDSLIED.
(BIJ DIE UITTOG).

Vrome vaad're, fier en groot!
Deur vervolging, ramp en nood
was hul leuse, tot die dood:
Vrijheid, Vrijheid!

Erf'nis van hul moed en trouw
is die grond waar ons op bouw,
juigend tot die hemel-blouw:
Vrijheid, Vrijheid!

Eere wie die dood mag lei
om te rus aan hulle sij, -
met die sterwens-woord te skei:
Vrijheid, Vrijheid!

óp dan broers, en druk hul spoor,
voorwaarts, broers, die vaandel voor;
laat die veld ons krijgs-roep hoor:
Vrijheid, Vrijheid!

Woes geweld mag hoogtij hou,
kettings mag ons lede knouw
maar die leuse blij ons trouw:
Vrijheid, Vrijheid!

Jukke mag v'r slawe wees.
manne-harte ken geen vrees,
duld geen boei v'r lijf of gees:
Vrijheid, Vrijheid!

V. DIE STRIJD.

Droef en lang was die nag,
grijs en guur breek die dag
- ver ruis die re'en......
In gebede geskaar,
in die re'en bijmekaar
smeek ons af in gevaar,
Vader, Uw se'en!

Stil, so's skaduws wat kom
sluip die vijande om,

- nader en nader......
Daar 's 'n blits! daar's 'n knal!
hoor die sla'e dreunend val!
Voorwaarts éen, voorwaarts al!
- Lei ons, Al-vader!

Va'erlands-grond drink die bloed,
nog vol vrijheid se gloed
- louw uit die wonde;
menig sterwende sug
dra 'n groet deur die lug
bo' die wapen-gerug,
- ver in die ronde.

O, die lippe wat bleek
om 'n waterdronk smeek,
- wonde wat brande!
Ongehoor, ongeag
menig kermende klag
waar die woelende slag
dreun o'er die rande.

In die dood liewe God
lei Uw hand nog ons lot
als in die lewe.
Mog Uw wil dit begeer
aan Uw voete, O Heer,
lê ons d' lewe weer neer,
eenmaal gegewe.

En in eensame nag
staat die sterre se wag
- stil en van verre,
o'er die helde se skaar
tot hul ruste vergaar,
onbelas, onbeswaar,
- veilig gebêre.

VI. DIE BRAND.

Dit is die winterwind wat waai,
al wenend deur die lange nag,
al wenend om die verre dag;
die twijge swenk die takke swaai,
dit is die winterwind wat waai.

Hij sleep die sug van eeuwe mee
uit dieptes van die diepe see,
en waar vergane skepe rus
op menig maan-gebleekte kust;
hij sing van lang vergete wee, -
hij breng die sug van eeuwe mee.

hij kom o'er velde ver en wijd
o'er grafte in hul eensaamheid,
waar moeders van hul sorge rus,
waar kindersnikkies is gesus;
- dit is die lied van d'eensaamheid
hij kom o'er velde ver en wijd.

'Mij ma, ik hoor van verre om
'n dreuning o'er die velde kom!'
'Dit is die bome in die wind,
die wilge-takke kreun, mij kind.'

'Mij ma, ik hoor mij brakkie huil,
wat sou daar kruip, wat sou daar skuil?'
'Mij kind, die nag is koud en lang,
die diertje is alleen en bang.'

'Mij ma, dit dreun al in die rond
so's pêrde-hoewe op die grond;
mij ma, wat lig daar so's 'n vuur
van buite op die kamer-muur?!'
'Mij ma, daar brand die koring-miet!'
'Mij kind die Heer Sij wil geskied!'

Is daar 'n beul so woest en wreed
wat manne-eer en plig vergeet,
met onskuld en met swakheid lach
en uitdrijf in die winter-nag?

Is daar 'n hand wat nie ontsiet
die liefste wat Gods aarde bied,
die skoonste gawe uit Gods hand:
die vaderhuis in d' vaderland?

d'is heilig grond, d'is heilig grond,
die plekkie waar een wieg eens stond
en waar 'n jonge moeder blij
haar kindjes eerste skrede lei.

waar sij die lippies, jong en teer
hul eerst' gebedje het geleer
en waar sij lange nagte vaak
vol angst en kommer het gewaak.

'n Stille vrede dra die plek
waar, om die witte tafel-dek,
die etens-ure so om haar
die blonde koppies het vergaar:

en uit herinn'rings blij verlee,
vergange da'e se soete wee,
berg elke hoekie so sij deel;
O wee wie 't hart die skat ontsteel!

Daar staat 'n moeder met haar kind
alenig in die winter-wind,
en niemand wat haar trane siet
en niemand wat haar trooste bied.

En wilde vlamme strooi dit wijd
die vrug van lange lewens-vlijt,

in vonke deur die lug gesaai
in vonke wat die wind verwaai.

Haar kindje aan haar bors gevouw
beskut sij te'en die winterkou,
- die trane wat sij swijgend ween
so op haar wang tot ijs versteen.

En winterwinde sing die lied
van eensaamheid en stil verdriet;
en sonder weerklank sterf die klag
op wije velde in die nag,
al sugtend deur die gras se saad,
en verre is die dageraad.

Die twijge swenk die takke swaai,
dit is die winterwind wat waai......

VII. DIE KAMP-SUSTER.

Suster Anna, ik voel d'is die dood wat kom;
slaat ope die tent-doek, na buitekant om,
dat vrij mij oog o'er die bulte gaan.
- Suster Anna, ik hoor 'n kerk-klok slaan.

Ik hoor hoe dit kindertjes roep v'r mij;
van ons klompie moes ik nog die laaste blij.
Kom neem toch mij hand, so's jij dikwils doet;
- Ach, altijd was Suster v'r ons so goed.

Mij man, hij lê ver langs Toegela-stroom af
en niemand wat weet waar hij rus in sij graf;
ach, Suster, en neem nou die Heer nog v'r mij,
dan is Pieter allenig nog ower-geblij.

Ik weet hij blij staan met sij roer in sij hand
ja, trouw tot die dood, v'r sij volk en sij land;
en mog dit so wees dat die Heer hem behoed,

so breng hem tog, Suster, sij moeder haar groet;

en sê v'r hem, selfs op die donkere rand
het jij vrese noch bewing gevoel aan haar hand;
en dit was haar troos, dat haar Pieter sal hou
aan sij God en sij land, aan sij eere en trouw.

Die kindertjes, Breggie en Japie en Faan,
het Suster die een na die ander sien gaan;
en jij sê daar's 'n plekkie v'r mij nog geblij,
waar moeder kan rus aan klein Fanie se sij.

Die ou huis se murasie staat swart en ontbloot,
waar almal so saam was om moeder haar skoot,
maar ver van die huis en verstrooi deur die land,
rus almal tog saam in die Here se hand.

O'er die velde kruip saggies die awend se grouw,
maar, Suster, ik sien nog die hemel se blouw.
- Daar rol 'n gedreun o'er die bulte aan;
Suster Anna, ik hoor 'n kerk-klok slaan......

VIII. OU OOM WILLEM. AAN SIJ VERSLETE OU BAATJE.

Ou maat, hoe lijk 't dan v'r mij
of jij mij wil laat staan?
Ach nee, ons twee het tog te lang
die selfde pad gegaan!

Van almal wat met mij die huis,
die ou-nooi het verlaat,
blij jij alleen nog o'er ou vrind,
met jou kan ik nog praat:

Ik sien die Sondag-more-son
nog deur die venster skijn,
en mooi geborstel, op 'n stoel,

lê jij dan klaar v'r mijn;

die twede kerkklok het gelui,
die ou-nooi staat al klaar;
ik steek die boekie in jou sak,
dan stap ons vort met haar.

Ons abba 's aends die kleingoed weg
als hul na kooi moet trek,
- 'n blote voetje in elke hand,
die armpies om mij nek.

Al is jij nie te fijn van stof,
jij het 'n hart voel slaan
so vol van vrede en geluk
als ooit nog het bestaan.

Ach, wat het ons nie na die tijd
al same deurgeleef!
so groot als ons geluk eens was
so het ons al gebeef.

Maar hoe d'ou hart ook bloei of beef
of half beswijk van rouw,
deur vuur en water klop hij nog
v'r God en land getrouw.

Ja, ook die rouw dra jij met mij:
O, God, die bitt're dag,
toen ik mij Andries op mij rug
gedra het uit die slag!

Hier is die vlek nog van sij bloed,
dit moet sij sien, ou vrind;
die laaste woord van Andries was:
'Groet Mamma van haar kind.'

Nee kom, ou maat, al is jij vuil

en op-gelap en naar,
ons twee gaan same weer naar huis
als mij die Here spaar.

V'r ou-nooi en die kindertjes
sal ons twee ver moet rij;
die Here weet of hul nog leef,
of ons weer éen sal krij.

Ons bouw die huis weer uit sij as,
- of ons nou lach of lij -
ou maat, en ons blij altijd saam
totdat die dood ons skei.

IX. VELDBRAND.

Ver
so's 'n ster
in die diep van die nag,
so's 'n oogie wat waak
en wat wenk in sij vaak,
hou 'n liggie die wag,
- ver,
so's 'n ster.........

Geen moeder is daar wat haar kindje bewaak,
geen awend-gebed na die werkdag se taak,
geen minnende paar wat in stilte sit vrij
bij die nag-kers se vlammetje, sij aan sij.

Nee,
rouw en wee
Is nou t'huis op die veld;
wat nog leef, wat nog roeis
die dood op die loer
en ontketend geweld.

Ver
en wijd
o'er die velde verspreid
lê broer en vader en moeder en kind,
so's blare verstrooi deur die najaars-wind,
wat teme-lang sug so's hij kom en kom
en moeg al van klage bij rukke verstom.

Rooi word die lug
o'er die bulte se rug;
en swart te'en die gloed sprei die bome hul arme,
so's smekende hande wat roep om erbarme.
Die vuurkring dij uit o'er die hang van die rande,
en die winde se asem kom warm uit die brande.
In vliegende rij kom die vurige stoet,
en eensame mure staan rooi in die gloed. -

Geswind
voor die wind
woel die vlamme se rij,
deur die grafte o'ergroei en verlate op sij,
waar 'n voortrekker rus met sij brawe ou vrouw,
- tot die laaste groot trek aan s'n sij nog getrouw.

Die rouwkleed lê wijd in die lig van die maan,
waar nakende gewels als wagters blij staan;
en rokies trek opwaarts nog hier en nog daar,
- so's kwijnende walm bij 'n dooie se baar.

Maar luister, wat sing daar so deur die geklag
van die winde se huil in die hol van die nag,
net's 'n moeder haar stem wat haar kindje wil sus,
net's 'n statige psalm van vertrouw en berus?
En hoor hoe die orgeltoon dij en swel
tot die sterre omhoog: 'dit is wel, dit is wel!'

X. IN MEMORIAM.

Aan Steenkool-spruit het ons hem stil
in sij laatste rus geborge;
'n man was hij tot sij snewens-uur,
sij land en sij lewe verkog hij duur,
- en hij slaap tot die jongste morge.

Sij t'huis was die veld van Suid-Afrika,
die stilte sij lewens-gesel;
maar die ploeg was opsij en sij roer was klaar
toen sij Vaderland roep in die uur van gevaar,
- en, ach, 't was sij laaste vaarwel.

Die brandwag was hij die more vroeg
in die drup re'en vaal en naar;
die vure was dood en die la'er was stom
toen hij fluister: 'die vijand! hij kom! hij kom!
op kerels! maak klaar, maak klaar!'

'n Skot in die donker, twee, drie - vier!
en die storm trek los langs die rij.
O, die werk van die dood was wreed en gouw
waar die klein-geweer kraak in die more-grouw,
- en ik hoor hem nog: 'Kerels, staan bij!'

Sij plek was voor, waar die blits-vure spat
uit die roers in die donkere lijn;
die vuur in sij oog is die ster van die dag,
en die veer op sij hoed gaat ons voor so's 'n vlag,
- tot die Here sê: 'Dese is Mijn!'

Die storm is verbij en die bare gaan rond
om die oes van die dood te vergader;
waar die geel gras buig in die sugtende wind
lê stijf en verkrom menig moeder haar kind,
- geleen en geneem deur die Vader.

En hij? Ons staan almal in stilte rondom,
so's op heilige grond van die Here,
waar hij lê, met sij roer in die krammende hand
en sij manlik gelaat naar die vijand se kant,
- so's 'n held op die veld van eere.

Geen uitlands marmer omknel sij bors,
maar hij rus in die moeder-aarde.
Sij land sal hem mis in die uur van haar lot
maar sij bloed sal gedij, op die wenk van sij God,
in volheid van tijd, en van waarde!

XI. BERUSTING

In berustende sug
van die awend-lug
en awend-skijn
staat 'n maagd op die lande
met gevouwe hande
- so stil... so rein;

haar blik naar omhoog
en 'n traan in haar oog
- waar niemand siet;
en 'n fluist'ring versterwe
op die a'end-rood se verwe:
'Uw wil... geskied!'

XII. DIE KINDERTJES

In die lewe se tuin is die more se douw
nog fris op die knoppies net ope gevouw
in die lig van die voorjaars-more
O, die dag is nog jong en die ure kan wag
als die awend moet daal op hul somerse dag,
Als die blaartjes moet val en verdorre;

die lewe se tafel is nouw'liks gedek,

die handjes belus naar die vrugte gestrek,
die bordjes met ete nog vol;
die korrels is klein en nog sag in die aar,
O, die maaier kan wag om die oes te vergaar
tot die jaar op sij end is gerol.

Maar die stormwinde spot met gebed en getij:
o'er die sonnige veld skuif 'n sombere sprei
d'is die onweer, hij kom, hij kom!
O, die ha'elslag se geesel is wreed en gouw,
en sij pad is geteken met trane en rouw. -
verpletter lê aare en blom!

Die pad van die wereld is steil en lang.
die voetjes nog klein en nog wankel van gang,
die handjes gehewe om steun.
O, wie, in sij krag, sal die onskuld mislei,
die lammetjes jaag wat nog soek naar die wei,
die swakheid verstoot wat wil leun?

O, waar is die lafaard so snood en so wreed
wat ei'ebaat-soekend die kleine vertreed,
ont-erend 't mannelik staal?
O, wie sou begeer met o'erwinnaar se vaan
op die graf van die weerlose onskuld te staan,
na sege op onmag behaal?

Getui'e dit, heuweltjes, rije aan rij
op eensame velde in stilte versprei!
Wat bêre jul in julle skoot?
'Die onskuld vertrap onder hebsug se voet,
die lammers gesmoor in hul moeders se bloed,
- met helde vergaar in die dood!'

O, ween nie v'r hul nie, die bron was nog rein
toen 't weer in die Vader se Hof het verdwijn,
- van wereldsbesmetting nog vrij,
Die lammetjes wreed deur die wereld verstoot

is veilig weer t'huis in die Vader se skoot.
- terug bij Sij kudde gelei.

V'r wie berg die lewe nog gawe so skoon
als reeds op die drempel die martelaars-kroon,
met vrijheid se helde behaal?
Benijdbaar wie vroeg in hul rus word geleg,
in vaderlands bodem v'r vaderlands reg,
- met sterflose eere omstraal!

XIII. TERUGKEER.

Amalie, Amalie, die more is verbij
toen die vo'eltjes gesing het v'r jou en v'r mij:
o'er die geel-perske boord was die rooi bloeisel uit,
en fris was mij nooi, so's die more se bruid.

Aan die voortje se rand, om jou veilig te lei,
gaf jij met 'n glimlag jou handje aan mij;
'k was vóor op die klippe en tog maar te gouw
om die handje te neem en in mijne te vouw;

maar kijk, toen ons ver van die voortje al was
had ik altijd die handje in mijne nog vas,
so het ik gevoel dat ik dit mog behou
al dorst jij jou lippe geen woordje vertrouw;

en meteens, kijk, kon ik ook geen woordje meer praat,
had laggies en korswil ons lippe verlaat,
- aan jou bewende vingertjes voelde ik en wist:
d'is die stilte en ernst wat o'er lewens beslis!

Maar bowe ons hoofd werd die vo'eltjes se koor
met verdubbeld gejuig in die bloeisel gehoor;
en wat hul so verder mog hoor of aanskouw
blij ons soete geheim, - slegs aan hulle vertrouw.

Ik kom van Bermudas, ik kom o'er die see

om mij land en mij bruid weer mij liefde te gee...
...Hul wijs mij die huis in sij as en sij puin,
hul wijs mij 'n eensame graf in die tuin;

en als graf-teken bo staat die eigenste steen
waar ons so op gesit het met hande ineen;
- die bome ontblote van bloeisel en blaar,
die vo'eltjes gevloge, - net ikke nog daar.

Elk jaar als die Somer die bloeisel weer bring
dan sit ik graag daar als die vo'eltjes sing;
- die velde, so wijd so's ons liefde, omheen,
van d' wereld vergete, ons tweetjes alleen!

XIII. DIE VERLORE GRAF

In verre wolke vlam die weerlig na,
die storm is uitgewoed, die dondersla'e
se weerklank sterwe op die velde weg.
Deur d'awendstraal met kwijnend goud beleg
rus so's 'n eik in volle krag geveld,
na strijd volstree, 'n stoere held.

'n Vaders trots, 'n moeders sorg was hij,
sij eerste skrede het haar hand gelei,
sij kindertaal haar moederhart se vreug.
In vrees des Here en in stille deug
het sij hem groot gemaak-nou leg hij daar,
verniel, vergooi, geen-een weet waar.

V'r hem het liefdes hand die maal berei,
die rusbed na die sware dag gesprei;
en kinder-armpies om sij hals gesla'e
het hem met nieuwe moed die sorg laat dra'e.
Herenigd vond hul steeds die awend-uur
om awend-lamp of wintervuur.

Hoe lang, helaas, hoe lang werd hij gemis,

die bose da'e deur, aan haard en dis.
Maar lang reeds had die late vredes-dag
o'er velde en see die ander t'huis gebrag
toen nog v'r hem, met oge moeg van stare,
vergeefs gewag was, jare en jare......

Hij lê alleen, verlore en verlaat
waar slegs die windje sugtend langes gaat.
Lui dwalend o'er die velde in die rond
siet soms 'n herder daar die hopie grond,
waar va'erlandsgrond, deur hem so teer bemind,
hem nou om-arm, - haar held, haar kind.

Verloor v'r almal hou sij net v'r haar
hem nou so aan haar moederbors bewaar,
tot nieuwe lewe opgaat uit die dooje
als hier die ploeg eens langs gaat deur die sooje
en koring-are rijp uit helde-bloed
- om vrijheids-kroost opnieuw te voed!

'n Stille kind was hij van stille velde,
historieblad sal nooit sij dade melde
en mark noch straat sij beeld te pronk vertoon.
Van wereldswoeling verre was sij woon.
Geen taal of teken wat sij naam ons noem.
Geen digterlied sing ooit sij roem.

Wie sing die lof van somer-son en re'en,
wie dank die aarde v'r haar milde se'en,
wie prijs die vrugte-boom na rijke drag,
deur najaars-wind onttooi van blare-prag?
En so die held, onwetend van sij daad,
wat net maar doet, en dankloos gaat.

O salig wie die kleine loon ontbeer
wat mart'laars nooit ontvang en nooit begeer,
tevrede dat hul voet 'n spoor mag druk
op d' steile pad, in waarheids dienst gebuk,

- die spoor waar Vrijheid nooit van af mag dwaal
wil 's eens haar hoogste kroon behaal.

In d' sterwens-ure sag sij brekend oog
d'oerwinnings-vaan van dwinglandij omhoog,
maar bo hul dronke feest en blij gejuig
stond waarheids kalm gelaat hem toegebuig,
voorspellend aan haar held in d' stof gekrom
d' o'erwinningsdag wat eendag kom.

Vergete, ken die eeuwe tog sij waarde,
verlore, berg hem tog die moeder-aarde.
Behoed, behou, tot éen geword met haar
hou sij die skatte in haar skoot bewaar,
- haar grond verrijk, en hegter nog die band
wat ons verbind aan d' Vaderland.

XIV. O'ERWINNING.

Kom lê jou hand in mijne
Agneta mij ou vrouw,
d'is sestig jaar van more
dat ons twee het getrouw.
Laat onweer raas, laat winde waai,
laat d'hele wereld keer en draai,
hou ik maar net v'r jou.

O, skone trouw-dag more
so fris, so klaar en blij
toen ons twee naas mekander
na dorp toe het gerij!
Die more-son was op die veld
- besaai met blomme ongeteld -
die mooiste blom v'r mij!

Die mense langs die strate
het almal omgekijk;
en 'k sien ou Kol nog drawwe,

sij mooiste windmaak-strijk,
'n strikkie aan sij kop gebind
sij hoefslag bowe in die wind,
en vóor moes almal wijk.

O, waar 's die jonge lewe
aan Soetendal se vlei,
ons huw'liksdag se lente?
Ach, al te gou verbij;
bedreig deur dwing'landij se juk
waar vrijheids kinders nooit voor buk
en onreg nooit wil lij.

Hoe swaar die skeidings-ure
Van d'ou geboorteplek!
Maar vrijheid was die leuse
en noordwaarts was die trek.
In 's Heren hand ons lot geleg,
Sij Woord die lig op onse weg,
- so ver die velde strek.

Dit was 'n weg van lije
van strijd en bloed en rouw;
maar met jou hand in mijne,
Agneta mij ou vrouw,
het ons barbaar en B...t trotseer
deur vuur en water, wind en weer,
en onse land gebouw,

gebouwe so's van 's lewe
ons huisie, sterk en heg:
die klei het jij gedra'e,
die stene het ik geleg;
geen storm of brande strijk hem neer
of uit sij as verrijs hij weer
en staat weer klaar en reg.

En vriend'lik skijn daarbuite

nog onse son, voorwaar,
deur al die droewe da'e
v'r ons nog trouw bewaar.
En onse ook so's altijd nog
die land met onse bloed gekog.
- en ons nog altijd daar!

Die pad was lang en opdra'ens
maar d'uitspan 's nabij nou,
en uit ons stramme hande
vat onse kroos die touw.
En hand in hand wag ons gedwee
tot Va'erlands grond ons rusplek gee
Agneta, mij ou vrouw.

Also available from JiaHu Books:

Det går an by Carl Jonas Love Almqvist
Drottningens Juvelsmycke by Carl Jonas Love Almqvist
Röda rummet – August Strindberg
Fröken Julie/Fadren/Ett dromspel by August Strindberg
Brand -Henrik Ibsen
Et Dukkhjem – Henrik Ibsen
(Norwegian/English Bilingual text also available)
Peer Gynt – Henrik Ibsen
Synnøve Solbakken - Bjørnstjerne Bjørnson
The Little Mermaid and Other Stories (Danish/English Texts)
- Hans-Christian Andersen
Egils Saga (Old Norse and Icelandic)
Brennu-Njáls saga (Icelandic)
Laxdæla Saga (Icelandic)

www.ingramcontent.com/pod-product-compliance
Lightning Source LLC
Chambersburg PA
CBHW031419040426
42444CB00005B/646